UNE

VISITE A POMPEI

PAR

G. GEORGE

ARCHITECTE

Membre de la Société Académique d'Architecture

Et de la Société Littéraire de Lyon.

LYON

IMPRIMERIE LOUIS PERRIN

ALF. LOUIS PERRIN & MARINET, Succ.

Rue d'Amboise, n° 6

—

1871

UNE VISITE A POMPÉI

I

Le nom de Pompéi a toujours éveillé les impressions les plus vives et les plus intimes : désir ardent de voir cet immense et étonnant débris de la civilisation antique, ou souvenir impérissable pour ceux qui ont eu la bonne fortune de le contempler.

L'étude de l'antiquité a constamment offert le plus grand charme aux esprits observateurs et studieux. Et qui de nous n'a subi ce prestige attaché aux restes d'un vieux monument, à quelques colonnes isolées supportant la charge d'un entablement en ruine, aux restes mutilés d'une belle statue, ou même à quelque inscription à moitié effacée, dont nos yeux cherchent à découvrir la forme et le caractère, en même temps que notre esprit cherche à en dégager le sens?

Mais, lorsqu'au lieu de vestiges épars qu'on ne rencontre le plus souvent qu'à travers une foule de choses vulgaires, c'est une ville tout entière que nous avons sous les yeux, et qui, sous une forme palpable, réelle, vivante pour ainsi dire, nous présente un ensemble de monuments, de maisons, de sculptures, où tout est bien à coup sûr antique et où tout est à la place pour laquelle il était destiné, combien cette étude prend un charme plus saisissant et nous pénètre de sa poésie et de sa grandeur !

Quel plus grand livre ouvert pour ces études, et où l'on n'a cependant pu lire encore que les premières pages, que cette *Pompeia* où tout est antique et où tout nous paraît nouveau !

Il y a là, en effet, et pour bien longtemps encore, un grand thème à expliquer, un grand champ d'explorations à parcourir que sont loin d'avoir épuisé, quelque soit le mérite de leurs travaux, les savants et les artistes tels que Mazois, Gell et Gandy, Breton et autres qui en ont entrepris l'étude.

Là, le champ s'agrandit à mesure qu'on le parcourt ; chaque jour une découverte nouvelle vient confirmer ou rectifier les suppositions de la veille, et, chose merveilleuse, on peut avoir soi-même comme le plaisir de la découverte, puisqu'on est sûr de pouvoir rencontrer le lendemain ce que personne n'aura vu avant vous. C'est ainsi que ce voyage est toujours à refaire et qu'après tout ce qui a été écrit sur ce sujet on n'arrive pas trop tard pour avoir encore quelque chose à en dire et quelque observation à faire.

Comme dans un poème dont on suit la composition avec un intérêt croissant et dont on ne sait le sens entier qu'au dénoûment, le charme va là en augmentant toujours, excité qu'il est par la dernière découverte et par l'énigme posée à nouveau à l'esprit par les traces entrevues d'un monument, d'une sculpture ou d'une peinture à demi ensevelis sous la cendre qui les garde encore.

C'est ce qui me fait oser, Messieurs, vous dire aussi mes observations à la suite d'une récente visite à Pompéi.

*
* *

Comme on arrive bien préparé dans cette ville unique! Que de choses on a lues qui ont fait naître le désir de voir par ses yeux! Avec quelle impatience et quel enthousiasme, pour peu que l'on ait le sens des choses de l'esprit et de l'imagination, on s'approche de ces ruines où il semble que l'on va pour quelques heures vivre d'une autre vie, en évoquant les grands souvenirs des siècles écoulés!

Et puis, n'a-t-on pas la secrète pensée de voir mieux que les autres, de découvrir à son tour quelque chose de particulier ou de caractéristique qui aura échappé jusqu'à présent aux regards de la foule et de retrouver, à la vue de ces mille détails de la vie intérieure, le mode de vivre de nos ancêtres?

C'est l'imagination ainsi préparée, c'est l'esprit ainsi excité par des pensées fortes et pourtant mal définies que je retourne au bout de vingt ans dans cette ville moitié grecque, moitié romaine, dont le souvenir me revient à présent sous la forme d'un immense musée d'antiquités païennes.

*
* *

Lorsqu'on entre dans les rues de Pompéi, on se sent tout d'abord pénétré de ce sentiment à la fois grave et poétique qui s'attache aux choses de l'antiquité. Pour mon compte, si j'analyse bien mes impressions intimes, j'y découvre moins encore l'étonnement que procure à l'esprit la vue d'une chose nouvelle, que la satisfaction de retrouver la réalisation de choses entrevues déjà à travers les livres et l'histoire; quelque chose d'analogue à l'impression de la première rencontre avec une personne que l'on ne connaissait encore que par le respect et l'intérêt que sa réputation nous avait inspirés et vis-à-vis de laquelle nous nous trouvons tout d'un coup à notre aise et charmés.

Il y a, en un mot, dans cette première visite, plus de satisfaction encore que de surprise.

On se fait bien vite aux choses qui vont à l'âme et, au bout de deux ou trois visites, on se croirait volontiers un habitant de Pompéi momentanément dépossédé de sa ville et de sa maison.

Nous visiterons tout à l'heure ces maisons avec quelque détail. Parcourons d'abord la ville à grands pas pour en connaître la physionomie générale et en saisir les traits caratéristiques.

Chemin faisant, cependant, nous nous arrêterons devant les monuments qui frapperont nos regards et redirons les réflexions que cet examen nous a suggérées.

II

Le tracé général des rues est d'une régularité fort remarquable, et je connais bien peu de villes modernes qui en offrent une aussi parfaite.

Dans le quartier le plus important de ce qui a été découvert jusqu'à ce jour, les rues se coupent à angles droits, laissant entre elles des parallélogrammes allongés que les Latins appelaient des îles (*insulæ*), et dans ces îles sont renfermées les maisons ayant souvent leur entrée sur l'une des rues et leur sortie sur la rue opposée. Quelquefois, l'île tout entière est occupée par une seule habitation, telle que celle de *Pansa* et celle dite du *Faune*.

Les Romains tenaient plus que nous à être chez eux. C'était comme une honte de n'être pas propriétaire, et les demi-riches se réunissaient souvent à deux ou trois pour acheter ou faire bâtir une île dont l'un possédait alors le rez-de-chaussée, l'autre le premier étage et un autre le deuxième.

De là, les propriétaires prenaient le nom de *Domini insularum* ou *insularii*. Ainsi, Cicéron, qui se faisait de gros revenus avec les locations de ses maisons, était-il dédaigneusement appelé par Catilina *inquilinus civis urbis Romæ*.

Des esclaves ou affranchis étaient préposés à la police des îles et pour en recevoir les loyers ; les édiles avaient la charge, non-seulement de prendre soin des édifices publics, mais aussi d'inspecter les maisons des particuliers et d'examiner si elles étaient dans un état de délabrement assez fâcheux pour compromettre la sécurité des passants.

Il faut observer, toutefois, que Pompéi n'était point proprement une ville romaine.

Elle devait sa première origine aux Etrusques et aux Osques et faisait partie de la confédération des douze villes de la Campanie, célèbre alors par ses vins, ses roses et ses délices, et dont Capoue, l'ancienne *Vulturna*, fut la plus importante.

Elle se gouvernait par elle-même et formait comme un état indépendant. Ce n'est qu'assez peu de temps avant la catastrophe dernière qui la perdit, tout en la rendant à jamais célèbre, qu'ayant pris part à une ligue contre les Romains et étant à la suite tombée en leur pouvoir, elle perdit sa liberté ; mais non pas tout entière cependant, car elle devint alors *ville municipe* et, comme telle, conserva le privilége de se régler par ses lois et d'élire ses magistrats dont les plus importants étaient les décurions ; et à ce propos, un auteur ancien dit qu'il était plus difficile d'être décurion à Pompéi que sénateur à Rome.

Cependant, sous Auguste, elle fut décidément assujettie à la domination romaine, tomba au rang de colonie et fut obligée de recevoir de Rome des duumvirs pour la gouverner.

Mon intention est trop modeste, en faisant ce petit récit d'une visite à Pompéi, pour me lancer plus avant dans le domaine de l'histoire ; mais ces quelques mots étaient indispensables pour faire comprendre diverses particularités qu'elles expliquent.

Ainsi, un examen un peu attentif fait facilement découvrir dans les édifices de Pompéi les traces de leur double origine.

Bien que la disposition des plans des habitations particulières ait beaucoup d'analogie avec la disposition de celles de l'ancienne Rome, ainsi qu'on peut le reconnaître en les comparant avec les fragments de plans qui ont été rassemblés au Capitole et avec les descriptions du sixième livre de Vitruve, il paraît certain que ces dispositions n'ont point eu besoin d'être empruntées à Rome et qu'elles ont pour origine commune l'art étrusque qui eut en Italie une si grande part et auquel les Romains avaient tant emprunté eux-mêmes, notamment les dispositions premières et bien caractéristiques de leurs atriums dont ils conservèrent le nom d'*atrium toscanum*.

En somme, le type général à Pompéi procède à la fois de l'art étrusque pour les dispositions et de l'art grec pour la forme, avec ses grâces et son élégance, mais altérée plus tard par l'arrivée des peuples qui ont successivement habité cette ville et surtout par le génie des Romains dont l'influence devint si considérable.

Il paraît même que ce fut à une époque très-voisine de la catastrophe de l'an 79 que les habitants de Pompéi, déjà cruellement éprouvés par des tremblements antérieurs, entreprirent une régénération complète de leur ville et de leurs édifices, et que ce fut précisément alors que cette restauration faite sous l'inspiration des magnificences de Rome, changea notablement le caractère primitif de l'architecture pompéienne. Les monuments visèrent à une décoration plus splendide, les sculptures et les inscriptions osques disparurent et le corinthien se greffa plus d'une fois sur le dorique des premiers temps.

Bon nombre de constructions sont refaites avec les matériaux provenant d'édifices plus anciens, ainsi qu'on peut le voir, notamment, dans le mur oriental du temple de Vénus, rempli de débris de colonnes ; beaucoup d'autres étaient encore en voie de restauration et sont restées inachevées.

Ne soyons donc pas surpris de trouver quelquefois l'apparence d'essais, de restaurations, de tâtonnements. C'est une ville grecque un peu habillée à la romaine.

Le système général de construction indique l'usage d'assez faibles ressources et la recherche de moyens faciles. Ainsi, les marbres sont réservés pour les monuments publics et rarement employés dans les édifices particuliers.

Les murs ont peu d'épaisseur et sont construits en moellons de petite dimension, ou même en blocailles reliées par de fortes assises de briques ; les colonnes elles-mêmes sont ordinairement en briques, revêtues de stuc, mais en briques faites exprès, de manière à ce que la construction même donnât déjà l'apparence du galbe et même des cannelures.

Puis, la peinture, qui jouait alors un si grand rôle comme complément de l'architecture, venait ajouter tout son charme et donner à l'ensemble le fini de l'exécution.

*
* *

Mazois, qui fut le premier à étudier sérieusement ces antiquités, se sert d'une expression heureuse et juste lorsqu'il dit que Pompéi est une ville peinte. C'est si exact que je crois que l'on n'a pas encore trouvé de maison où l'on se soit, au moins pour l'intérieur, contenté de l'aspect nu, gris et terne de nos murs badigeonnés.

Il est vrai qu'indépendamment des souvenirs et de la tradition grecque qui ont dû ne faire jamais abandonner ce charmant complément de l'architecture, l'époque du rajeunissement de Pompéi était précisément celle où la peinture décorative était le plus en honneur.

La peinture avait toujours été employée chez les Etrusques, et les Tarquins, qui passaient pour avoir fait venir les premiers peintres de la Grèce, avaient dû tenir à honneur d'entretenir ce goût.

Cependant, on dut se borner longtemps à des tons avec quelques dessins simples et géométriques, et ce ne fut guère qu'au temps d'Auguste que l'art décoratif prit une importance plus grande et devint même assez considéré pour que Auguste lui-même ne craignît pas de déroger en faisant apprendre cet art au petit-fils d'un de ses cousins.

Les dernières fouilles faites au palais des Césars à Rome, et auxquelles j'ai eu la bonne fortune d'assister, viennent de mettre à jour plusieurs salles très-élégamment décorées de peintures représentant ces ornements auxquels on a donné, improprement, je crois, le nom d'arabesques, représentant aussi des paysages, des chasses et de charmants petits tableaux qui font habituellement le sujet du milieu et sont peints avec une facilité et une grâce au-dessus de tout éloge.

Les peintures dont je parle ont une ressemblance parfaite comme parti pris et comme exécution avec celles de Pompéi, et je n'hésite pas à penser que c'est à cette même époque, vers le temps d'Auguste, ou très-peu postérieurement, que les maisons de Pompéi s'embellirent de toutes ces charmantes compositions qui en sont un des plus puissants éléments d'intérêt.

Quelles que soient les critiques de Vitruve pour ce genre de peintures (critiques que, du reste, il n'applique qu'à un abus qui commençait de son temps), nous imaginerions difficilement quelque chose de plus attrayant, je dirai même de plus convenable et de plus approprié à la décoration des intérieurs d'habitation.

*
* *

Mais, je reviens dans la rue que j'ai quittée pour jeter ce rapide coup d'œil aux intérieurs que nous reverrons plus amplement et je continue mon parcours.

Les rues ne sont pas larges, les principales n'ont guère que sept mètres, et la plupart cinq à six mètres.

Elles sont pourvues de trottoirs très-élevés ; et, de distance en distance, sont disposées, à travers la rue, de grosses pierres qui permettent en trois ou quatre enjambées de passer d'un trottoir à l'autre.

De temps en temps, on voit, le long du trottoir, des pierres plus élevées qui pouvaient avoir pour destination d'aider les voyageurs à monter à cheval, car les anciens romains ignoraient, paraît-il, l'usage des étriers. Des dispositions analogues avaient été ordonnées pour les provinces romaines par une loi, « *de viis muniendis,* » due probablement à *Caius Gracchus,* à en croire un passage de Plutarque.

Les murs séparatifs sont généralement mitoyens comme chez nous, et des lois très-sages et bien plus perfectionnées que nous ne serions tentés de le supposer, réglaient les servitudes.

On sait qu'anciennement la crainte du feu fit ordonner qu'on laisserait un intervalle de deux pieds et demi au moins entre deux maisons contiguës ; on donnait à ces espaces le nom d'*ambitus* ou d'*angiportus,* et ils servaient aussi quelquefois de passage. Mais, les enceintes des villes devenant insuffisantes pour leur agrandissement, on supprima ces vides qui n'existent plus qu'entre quelques édifices. Tacite dit cependant qu'après le grand incendie de Rome, Néron rétablit l'ancienne coutume de bâtir les maisons séparées les unes des autres.

Bien qu'à Pompéi les maisons soient généralement jointes les unes aux autres, n'ayant pour séparation que le mur mitoyen, on remarque toutefois le soin particulier que les architectes d'alors avaient de ne pas adosser immédiatement les édifices publics à des maisons.

On trouve les petits passages, ou *ambiti*, au temple de Vénus, à l'édifice d'*Eumachia* et sur un côté des portiques du forum triangulaire.

Pendant que j'en suis à ce côté pratique de mon inspection, je signalerai encore, comme exemple de prévoyance des édiles et des magistrats, la servitude appelée *stillicidii* et *fluminii*, relative aux gouttières et écoulements, d'après laquelle tout propriétaire pouvait faire écouler l'eau qui tombait de sa maison dans le jardin ou la cour du voisin et était obligé de recevoir, à son tour, tout écoulement semblable provenant de la maison voisine ; et enfin la loi « *tigni immittendi* » pour le placement des poutres ou pierres dans le mur mitoyen, ainsi que la servitude *cloaca* qui était le droit de diriger un canal commun à travers la propriété voisine dans le grand égout, *cloaca maxima*.

Ces différentes lois étaient faites surtout, il est vrai, pour la ville de Rome où l'on était si formaliste et où tout était réglé d'une façon si précise qu'il fut besoin d'une loi pour enfoncer un clou dans le temple de Jupiter.

Mais il y a toute probabilité qu'elles avaient leur influence sur les villes de l'Italie soumises à leur domination, et j'ai cru, dès lors, devoir les rappeler brièvement pour faciliter l'intelligence de quelques détails de construction.

Tout me paraît digne d'intérêt à Pompéi, et, ne pouvant prétendre à refaire des descriptions que chacun de vous a lues et en l'absence de dessins qui seuls leur donneraient quelque intérêt, je me vois obligé de m'attacher aux détails qui ne me paraissent pas avoir été assez observés.

Dans le nombre de ces choses qui, bien que peu attrayantes par elles-mêmes, m'ont paru pourtant mériter une attention plus grande que celle qu'on leur accorde généralement, je me permettrai de signaler le pavage des rues.

Ce pavage mérite d'autant plus un examen qu'il se rattache tout directement aux époques des premiers habitants de l'Italie et de la Grande-Grèce et qu'il appartient ainsi, selon moi, au système des constructions pélasgiques ou cyclopéennes.

La fondation de Pompéi remontait évidemment aux temps les plus reculés, et, si des rajeunissements ont fait perdre à la ville le caractère de cette haute antiquité, le pavage antique au moins est resté, comme le témoignent d'une façon irrécusable les ornières très-profondes que l'on y remarque dans les quartiers où les restaurations entreprises n'avaient pas encore eu lieu.

Il est composé de très-grosses pierres à polygones irréguliers, enclavés exactement les uns dans les autres, sans mortier ni ciment. A de certains endroits seulement, on voit les interstices formés par la rencontre de plusieurs blocs serrés par de petits cailloux et quelquefois par des coins en fer.

A première inspection, on n'est pas tenté de voir dans la disposition de ce pavage autre chose que de gros blocs pris à peu près comme ils se trouvaient dans les carrières les plus voisines et ajustés là comme ils arrivaient, les uns à côté des autres, avec leurs formes irrégulières, l'ouvrier poseur cherchant tout au plus à réunir ceux dont les faces pouvaient le mieux s'emboîter entre elles.

Je ne suis pas de cet avis et j'ai reconnu dans ce travail

le principe même de l'appareil cyclopéen, employé si généralement dans les murs de l'antique Latium, du Samnium et
des contrées méridionales de l'Italie.

Depuis les explorations faites à ce sujet par MM. Dod-
well, Micali, Niebuhr et d'autres, depuis la publication de
l'ouvrage remarquable de Mme Dionigi, et surtout depuis les
savantes recherches de M. Petit-Radel, on sait que le mode
de construction cyclopéenne n'était point du tout l'*opus
incertum* (ou *insertum*, suivant d'autres) des anciens, si mal
compris du reste par la plupart des traducteurs et commentateurs de Vitruve.

L'appareil cyclopéen en diffère essentiellement en ce que
les blocs sont bien plus considérables, qu'ils sont placés et
entrecroisés sans mortier et qu'il ne s'y trouve point de pierres
de remplissage qui soient nécessitées par les vides laissés par
l'irrégularité des gros blocs. Ces blocs, tout irréguliers qu'ils
fussent, étaient donc taillés exprès pour la place qu'ils
devaient occuper et tracés à l'aide d'une règle flexible de
plomb, avec laquelle on prenait exactement le contour des
pierres posées les premières, en choisissant toutefois de préfé-
rence celles dont les formes avaient le plus de similitude avec
l'espace à remplir.

La comparaison que j'ai été à même d'établir avec des murs
pélasgiques bien authentiques, tels que ceux de Spoleto et de
Cora, ne m'ont laissé aucun doute sur le rapport que je
signale.

Mais c'est sans doute trop nous attarder à ces détails;
reprenons nos investigations à travers les rues de la ville
antique.

———

III

Une chose qui me frappe en parcourant la ville et qui peut-être n'a pas encore été bien notée, c'est le très-petit nombre, je dirai mieux, l'absence complète de *places*, ainsi que nous les comprenons maintenant.

La partie de la ville jusqu'à présent découverte ne présente que deux endroits auxquels on a pu appliquer ce nom : le *forum civil* et le *forum triangulaire*. Mais, sont-ce bien là des places comme nous l'entendons dans leur acception moderne? Assurément non ; et en voici l'énorme différence.

Dans nos villes modernes, la place publique est tout simplement un espace plus vaste, plus ouvert où viennent converger un certain nombre de rues. Ce n'est souvent, à proprement parler, qu'une rue plus spacieuse que les autres.

Supprimez dans le premier quartier venu un pâté de maisons et vous aurez une place dans nos villes modernes.

A Pompéi, ce genre de place banale n'existe pas du tout. Le forum est tout autre chose et a une noblesse et une solennité qui en font une sorte de monument et non point un carrefour.

Lorsqu'on a tant répété que les anciens vivaient peu chez eux et passaient leur vie sur la place publique, on ne s'est peut-être pas assez bien expliqué.

Au moins pour ce qui concerne Pompéi, les habitants pouvaient trouver dans leurs maisons, bien plus que nous ne les pouvons trouver dans les nôtres, l'air et la lumière ; car l'atrium et le portique qui existaient comme éléments essentiels dans la distribution de chaque maison de quelque importance, ainsi que nous le verrons bientôt, offraient à leurs habitants un lieu fort commode et fort agréable de réunion et de distraction.

Du reste, le public n'entrait point probablement à toute heure au forum, car on voit encore les traces des scellements de grilles qui devaient l'entourer ; et, dans tous les cas, l'accès en était complètement interdit aux esclaves et aux gens sans aveu.

Ce lieu était entouré de portiques ; les chars et les chevaux n'y pénétraient pas, et de chaque côté s'élevaient les monuments les plus imposants et les plus splendides.

Les portiques eux-mêmes étaient habituellement surmontés d'un étage, sans doute réservé aux personnages notables ou aux femmes, et où l'on accédait par des escaliers dont le départ était en dehors de l'enceinte. Le pourtour en était orné très-noblement de piédestaux et de statues, et rien ne devait être plus propre qu'un tel aspect à entretenir dans le peuple les idées de grandeur et le sentiment de la dignité.

Sans doute, donc, que le peuple devait être singulièrement attiré dans cette enceinte solennelle ; mais il faut reconnaître qu'il y avait loin de là à la banalité de nos places publiques et qu'il faut plutôt voir dans le forum civil de Pompéi un splendide péristyle ou, si l'on veut, une magnifique salle des pas-perdus découverte, précédant et reliant les monuments publics qui l'entouraient et où le peuple s'assemblait moins pour se promener oisivement que pour discourir des affaires et assister aux cérémonies et aux fêtes publiques.

*
* *

Voyons un peu en détail ce forum si remarquable et la chose, à coup sûr, la plus étonnante de Pompéi.

Il s'étend du nord au sud sur une longueur d'environ

120 mètres et une largeur de 50 mètres, compris les portiques. Un beau dallage couvrait le sol, l'*area*.

Toutes les rues sont interrompues et arrêtées à ses abords; un rang de colonnes d'ordre dorique d'une grande majesté règne tout autour et formait le portique à deux étages dont j'ai parlé tout à l'heure; une grande quantité de piédestaux encore en place laissent supposer la façon magnifique dont le pourtour en était orné.

Ce portique servait de promenade à couvert; il servait aussi de vestibule pour les édifices qui l'entouraient, et corrigeait par ses grandes lignes différentes irrégularités dans leur alignement et leur disposition.

Au fond, dans le sens de la plus grande longueur, sur le côté nord, s'élevait le temple de Jupiter, d'assez petite dimension, car vous savez que le temple n'était point précisément une enceinte comme nos églises, mais seulement un sanctuaire, quelquefois une sorte d'autel honorifique pour lequel la place elle-même devenait alors l'endroit destiné à la foule.

Tout près de là, à l'entrée de la rue de Mercure, s'élèvent des arcs de triomphe avec passages latéraux sous lesquels se tenaient probablement des gardes à cheval.

Sur le côté gauche, à l'est, le portique devient double et enferme le *pœcile* sur les murs duquel devaient être retracés les grands faits historiques. A la suite se dresse le joli temple de Vénus, déesse de Pompéi, qui paraît avoir tant sacrifié à sa patronne.

Du même côté encore, mais séparé par la largeur d'une rue qui aboutit là, se trouve cet édifice rectangulaire avec *cella* élevée au fond, édifice qu'on est convenu d'appeler la *basilique*.

Est-ce bien là la basilique? La forme générale est bien, à la vérité, conforme à celle indiquée par Vitruve; mais différentes circonstances qu'un examen attentif fait reconnaître apportent bien du doute relativement à la véritable destination de ce monument.

D'abord, un fait important qui a échappé à bon nombre d'observateurs, c'est que la partie centrale devrait être découverte.

Ce qui autorise et même justifie le mieux cette supposition, c'est que le dallage de l'aréa est en contrebas du sol de la galerie et que l'on remarque même encore les canaux pour l'écoulement des eaux, recouverts en partie par la première marche.

Ensuite cette cella du fond qui constituerait le tribunal, dans la supposition d'une basilique, a une forme bien peu appropriée à cette destination. La plate-forme de cet édicule est élevée de deux mètres environ au-dessus du sol; et ce qu'il y a de curieux, c'est que, bien que la partie inférieure en soit assez bien conservée, on n'a pu indiquer encore d'une façon précise comment on pouvait y monter.

Etait-ce par devant? Mais, la corniche du soubassement n'est pas interrompue comme c'eût été inévitable si les marches l'eussent rencontrée; d'autre part un escalier placé là eût intercepté la circulation au-devant du prétoire, car il fut arrivé jusque contre le piédestal encore en place et qui supportait, apparemment, une statue colossale.

Etait-ce sur les côtés? Il existe bien là, à droite et à gauche, de petits escaliers, mais ils servent à descendre dans un caveau situé au-dessous du tribunal, et leur disposition empêcherait précisément qu'il y en eût d'autres pour monter au-dessus.

Etait-ce enfin derrière? Quelques archéologues l'ont supposé. Mais, derrière, c'est une rue assez étroite, et un escalier là eût été bien extraordinaire.

Cependant il fallait bien monter à cette tribune, et je n'en vois la possibilité que par un petit escalier, peut-être portatif, placé sur un des côtés, dans le dernier entre-colonnement, à un endroit où j'ai remarqué une interruption dans l'appareil du mur qui entoure la cella sur trois faces.

Examinant maintenant la tribune elle-même, j'y vois encore quelque chose d'inconcevable pour le tribunal d'une basilique. C'est qu'elle était masquée sur le devant par des colonnes, et peut-être même close par des châssis vitrés avec barreaudages, ce qui fait que les juges n'eussent point été en vue du public, cachés du reste qu'ils eussent été déjà par les colonnes du portique qui se continue devant le tribunal et à un assez faible reculement.

Mais si le monument dont je m'occupe n'était pas la basilique, qu'était-ce donc et où était la vraie basilique indispensable dans une ville antique, et que Vitruve indique devoir être dans le voisinage du forum? Double question fort intéressante et que le reste des fouilles aidera seul à résoudre.

Dans tous les cas, je serais disposé à me ranger à une supposition émise par M. Gau, continuateur de Mazois, à savoir que l'édifice connu jusqu'à présent sous le nom de *basilique* pourrait fort bien être le lieu de réunion des comices et la tribune le lieu où l'on déposait les votes.

Continuant le tour du forum, on trouve sur le côté sud, en face du temple de Jupiter, mais complètement en dehors des colonnes du portique, trois salles séparées entre elles et ayant la forme d'un parallélogramme terminé par un petit hémicycle. C'étaient, pense-t-on, les tribunaux ou salles de conseil.

Leur dimension est assez médiocre et offre quelque analogie avec celle de nos justices de paix.

Ces salles remplissent la face sud.

Tournant maintenant nos regards du côté ouest, nous rencontrons quatre monuments placés à la suite les uns des autres, sans grande préoccupation de symétrie ni d'alignement.

Chacun de ces monuments offre une disposition tout-à-fait particulière et mérite un examen détaillé de la part de l'architecte ou de l'archéologue.

Le plus rapproché du fond de la place, c'est-à-dire du sud, est l'édifice connu sous le nom d'*Eumachia*.

Eumachia était une prêtresse d'une haute autorité et très-probablement d'un haut rang, qui fit de ses deniers élever cette enceinte.

C'est ce que retrace une belle inscription qu'on lit au-dessus d'une porte latérale. Cette inscription dit qu'elle fit élever le chalcidique, le portique et la crypte. La voici exactement :

EVMACHIA . L. F. SACERD. PVB. NOMINE SVO ET
M. NVMISTRI FRONTONIS FILI. CHALCIDICVM CRYPTAM PORTICVS CONCORDIAE
AVGVSTAE PIETATI. SVA PEQVNIA FECIT EAMDEMQVE DICAVIT

Cette nomenclature, qui semblait devoir servir de guide infaillible aux savants, n'a fait que les diviser, car il y en a peu qui soient d'accord entre eux sur ce qu'il faut entendre par la *crypte* et par le *chalcidique*.

Le *chalcidique* surtout leur a donné à tous une tribulation toute particulière. Etait-ce la partie antérieure, était-ce la partie postérieure, ou bien encore l'ensemble de l'édifice?

Chacune de ces hypothèses a eu ses partisans et l'on n'a rien conclu d'une façon absolue.

Pour la crypte, on s'est enfin rallié à la pensée que c'était cette galerie étroite qui pourtourne l'édifice, en arrière du portique, excepté du côté de la façade. Mais il ne faut pas que le mot de crypte nous fasse supposer quelque chose de souterrain et de sombre, car la galerie en question est au niveau du portique et prend sur lui des jours nombreux à l'aide de grandes ouvertures ressemblant fort à des fenêtres et descendant presque jusqu'au sol. Du reste, plusieurs auteurs, et Pline entre autres, dans la description de la maison de campagne du Laurentin, donnent le nom de *crypto-porticus* à quelque chose d'analogue.

A la suite de l'édifice d'Eumachia dont je viens de parler, se trouve un petit temple, peut-être moins que cela, une sorte de sanctuaire, supposé, dédié selon les uns à Romulus Quirimus, selon d'autres à Mercure.

A la suite encore, un édifice fort remarquable par son plan, et qu'on s'accorde assez généralement à prendre pour la *Curie* ou le *Senat*, ou encore le *Decurionat*, lieu de réunion des magistrats de la cité.

Après avoir examiné très-attentivement ce monument et pesé les raisons que donnent les auteurs qui ont écrit sur Pompéi, je ne vois rien de concluant pour cette destination.

A coup sûr c'était un lieu fort important, à en juger par sa disposition très-étudiée et par les traces de sa riche décoration. Mais, si c'était le lieu d'assemblée des magistrats, il fallait alors que leurs séances fussent publiques, car la façade est complètement ouverte sur le portique qui se continue au devant, sans trace d'aucun mur séparatif.

Enfin, cette face est, sur laquelle nous avons déjà signalé tant de monuments, est terminée par un édifice fort considérable par sa dimension, et sur la destination duquel les savants et les archéologues ont aussi eu beaucoup de peine à se mettre d'accord, si tant est encore qu'ils y soient parvenus. C'est l'édifice connu sous le nom de *Panthéon*, bien que ce soit précisément l'hypothèse la moins probable et la moins admise actuellement.

Le plan se compose d'un parallélogramme dont le plus petit côté ouvre sur le forum. Sur le côté gauche et sur la face antérieure sont une suite de boutiques ; sur le côté droit onze pièces ouvrant sur le péristyle et paraissant n'avoir été autre chose que des chambres à coucher ; la trace d'un plancher fait voir qu'elles étaient même surmontées d'un autre étage de chambres.

Au fond et dans l'axe est un petit sanctuaire avec autel ; à droite un espace assez vaste avec *triclinium ;* à gauche, un espace à peu près semblable, mais sans triclinium et avec petit autel ou Lazaire.

Au centre de l'édifice, on remarque un vaste plateau de pierre sur lequel reposent douze piédestaux disposés circulairement.

On n'a pu donner de ces douze piédestaux aucune explication bien plausible, bien qu'on ait pensé les affecter aux statues des douze dieux.

Pour l'ensemble de l'édifice, on peut y voir, suivant les uns, le temple d'Auguste, desservi par ses prêtres spéciaux, ou un *Hospitium* destiné à recevoir et à fêter les étrangers de distinction de passage à Pompéi.

On sait, en effet, que les Romains n'avaient pas, à proprement dire, d'hôtellerie ; seulement, les maisons particulières un peu importantes avaient quelquefois leur *hospitium*, petit quartier qui leur permettait de donner l'hospitalité à leurs amis.

Je dois maintenant faire observer que tous ces édifices n'ont point dû être élevés tous à la fois, et que la plupart ne datent pas du tout de la fondation de la ville elle-même.

Des irrégularités nombreuses, très-habilement dissimulées par les ressources de l'architecture, et peu apparentes pour le touriste, mais très-frappantes néanmoins pour l'architecte qui a le plan sous les yeux, se remarquent dans les axes et les périmètres ; de plus, trois rues interrompues, dont deux se terminent en impasses, montrent que quelques-uns de ces édifices, ou tout au moins certaines parties, ont été élevées postérieurement au portique du forum, et que certaines constructions qui en occupaient primitivement l'emplacement ont dû être enlevées pour faire place à ces superbes embellissements.

Tout auprès du forum, on trouve les thermes publiques et le temple de la Fortune. Un premier arc de triomphe, placé près de ces monuments et dans l'axe précisément de l'arc principal qui donne entrée de ce côté au forum, devait encore ajouter singulièrement à la majesté et au charme de la perspective.

Tel est l'aspect général et l'entourage splendide de ce forum civil dont on comprend si bien, après l'avoir contemplé, l'influence immense dans la civilisation antique.

*
* *

Le second forum est d'une forme et d'un caractère assez différent du forum civil. Il est situé à la partie méridionale de la ville, tout proche des remparts et dans la position la plus élevée. Tout y porte le cachet de la plus haute antiquité et montre que c'était là la partie la plus ancienne. C'était comme l'Acropole de Pompéi.

De là, la vue s'étendait sur un paysage enchanteur. Au premier plan, la mer qui venait battre les murs élevés sur des scories volcaniques ; à gauche, les montagnes du Sumnium et les nombreuses villes qui étaient couchées sur leurs flancs, Stabies, Nuceria et tant d'autres. En face, l'immensité de la mer, dans laquelle font saillie Sorrente et le cap pittoresque de Minerve. Enfin, derrière soi, le cratère du Vésuve, plein de magnificence, mais sur lequel les regards ont dû, plus d'une fois, s'arrêter avec anxiété.

Ce devait être la promenade favorite des Pompéiens, et un long banc de pierre dont les traces sont visibles, disposé sur la plus grande face du portique, y était admirablement placé pour permettre aux promeneurs de jouir, en se reposant, de cette vue incomparable.

Du reste, tout près de soi, les monuments abondaient. A l'entrée du forum, dans la partie la plus rapprochée de la ville et la plus resserrée, un péristyle qui en formait le propylée ; au milieu, ce magnifique temple grec dédié, selon les uns à Jupiter, selon les autres à Neptune, et selon d'autres encore à Hercule, qu'ils disent fondateur de la ville. Mais ce temple antique a presque achevé sa ruine, et il n'y a guère que les archéologues et les architectes qui se plaisent à en rechercher la forme et à en étudier les remarquables profils qui ont une grande similitude avec ceux des temples de Pæstum.

Sur un des côtés se trouvent les deux théâtres, le théâtre

tragique et le théâtre comique; et enfin, un peu plus bas et reliée au forum par une pente douce, cette enceinte considérable et monumentale où la plupart des auteurs ont cru reconnaître le *camp des soldats*, mais que bien des indices indiquent bien plutôt avoir dû être le marché public connu chez les anciens sous le nom de *foro nundinario* et ouvert tous les neuf jours aux habitants de la campagne qui venaient y vendre leurs denrées.

L'enceinte du forum, autour duquel nous venons de voir ces différents édifices, n'a pas, comme le premier, une forme rectangulaire. Il affecte une forme triangulaire largement ouverte du côté de la mer et fermée sur les autres côtés par un portique de cent colonnes, d'où le nom de *Forum triangulaire* ou d'*Hecatonstylon* donné à ce lieu remarquable, admirablement disposé pour produire un effet à la fois pittoresque et grandiose et pour servir d'entrée aux théâtres, en même temps que de refuge en cas de mauvais temps, suivant les préceptes qu'indique Vitruve dans son livre V, en parlant des théâtres de Rome.

C'est près de cet endroit que se poursuivent actuellement les fouilles, sous la direction du commandeur Fiorelli, qui apporte à cet intéressant et important travail toute l'activité et toute l'érudition nécessaires. C'est à son obligeance que je dois d'avoir eu une permission spéciale de prendre des notes et des croquis.

J'ai pu compter quelque chose comme une centaine de travailleurs à l'œuvre. Ce n'est pas trop, mais c'est assez, car il ne s'agit pas là seulement d'enlever de la terre et de la cendre, il faut soutenir, consolider et quelquefois restaurer à mesure.

Combien faudra-t-il encore de temps pour achever la besogne et rendre au jour la ville tout entière? C'est difficile à dire; mais le moins sera bien une vingtaine d'années. Un auteur rapporte que «lorsque Winckelmann visita les fouilles, vers 1760, il s'étonna de la lenteur des travaux, et dit qu'en y allant de ce train ses arrière-neveux verraient à peine le tiers de la ville;» il avait dit bien juste, car nous serions ses arrière-neveux, et il n'y a guères plus du tiers découvert à ce jour.

Toutefois, si l'enceinte est bien loin d'être entièrement découverte, le pourtour en est au moins parfaitement indiqué par les remparts qui l'enferment, et l'on connaît la superficie totale, qui est approximativement de 665,000 mètres carrés, soit 66 hectares et demi.

Après avoir visité les théâtres et le Camp des soldats, ou plutôt le Marché public (*foro nundinario*) dont j'ai parlé en dernier lieu, on se dirige habituellement vers l'une des extrémités de la ville, attiré par les restes du monument le plus considérable par son étendue et aussi l'un des plus intacts.

C'est l'amphithéâtre dont l'enceinte paraît immense relativement à la population de Pompéi. Mais on sait que l'amphithéâtre n'était point spécialement réservé aux habitants de la ville et que ceux des villes voisines se rendaient également à ces spectacles sanglants, qui n'avaient lieu, du reste, qu'à de certains intervalles. On a conservé le souvenir de la lutte grave qui eut lieu dans une de ces réunions, entre les Pompéiens et les Nucériens, lutte à la suite de laquelle les Pompéiens furent privés de spectacles pendant dix ans, et Régulus, leur chef, condamné au bannissement.

———

IV

Maintenant que nous avons vu l'aspect général de la ville, ses rues, ses forums et les principaux édifices, il nous reste à visiter les maisons.

Entrons dans quelques-unes d'entre elles et parcourons-les avec quelque détail; c'est peut-être là précisément qu'est le plus grand intérêt et le plus grand charme, pour le visiteur désireux de se rendre compte des détails de la vie intime des anciens.

En traversant ces rues, autrefois si animées et maintenant si désertes, on s'étonne tout d'abord de l'absence à peu près complète de croisées, cet élément si essentiel de nos maisons modernes.

Mais si les jours sont rares sur la rue dans ces maisons antiques, combien ils sont plus abondants à l'intérieur que dans nos maisons modernes, et comme l'air et la lumière circulent bien dans toutes les parties!

D'ailleurs, les boutiques n'étaient-elles pas toutes larges ouvertes et n'est-il pas probable qu'il y avait des ouvertures aux étages supérieurs qui ont tous disparu?

Un coup d'œil d'abord aux boutiques qui sont fort nombreuses et qui bordent la plupart des maisons, même celles qui correspondraient par leur importance et leur destination à nos hôtels particuliers, et même souvent aussi les monuments publics, car elles constituaient pour les propriétaires et pour la ville un revenu fort important.

Ces boutiques sont, ainsi que je l'ai dit, largement ouvertes sur la rue. Comme les acheteurs n'y pénétraient pas et que le négoce se faisait à peu près comme dans les bazars orientaux et comme encore dans beaucoup de villes de l'Italie, les banques ou comptoirs des marchands se trouvaient placés sur le devant et parallèlement à la rue, l'acheteur restant en dehors sur le trottoir. Des auvents ou des toiles protégeaient les acheteurs et devaient donner, arrangés pittoresquement avec les étalages, les enseignes et les peintures décoratives, une physionomie d'animation et de grâce contrastant singulièrement avec l'air d'abandon et de tristesse dont elles donneraient bien plutôt l'idée maintenant.

Les boutiques se closaient à l'aide de vantaux ou de fermetures en bois qui ne s'appliquaient que la nuit et qui glissaient dans les rainures que l'on remarque encore partout dans les seuils en marbre.

Les logements des commerçants étaient très-réduits. Il n'y avait guères, après la boutique proprement dite, qu'un petit arrière-cabinet fermé probablement par des planches, ou le plus souvent par des rideaux. Un tout petit étage était disposé au-dessus et l'on y arrivait par un petit escalier très-raide, une sorte d'échelle.

En voyant l'exiguité de ces locaux, je serais disposé à penser que quelques-unes de ces boutiques ne servaient proprement qu'au négoce et que, le soir venu et la boutique fermée, les habitants allaient coucher ailleurs, peut-être dans quelque quartier moins central, plus spécialement affecté aux individus de petite condition, et que des fouilles ultérieures pourront faire découvrir. On ne doit pas oublier, en effet, que le petit négoce ne jouissait que d'une bien maigre considération et ne donnait aucun droit aux choses et aux honneurs de la cité.

Quelques-unes de ces boutiques sont fort intéressantes, car non-seulement on y trouve les comptoirs dont j'ai parlé et qui sont en marbre ou en maçonnerie de brique, revêtue de plaques de marbre, mais on y trouve encore les ustensiles dont le marchand se servait, des urnes, des vases, des poids, des moulins, force moulins même, et mille autres objets d'un usage domestique, parmi lesquels on est plus d'une fois étrangement surpris d'en rencontrer de parfaitement semblables à ceux encore en usage dans les provinces méridionales de l'Italie.

Je ne dois pas omettre de faire remarquer qu'ordinairement une des boutiques communiquait avec l'intérieur de la maison et était utilisée par le maître lui-même qui y faisait vendre les denrées provenant de ses propriétés, usage dont on trouve encore la tradition dans quelques palais de Rome et de Florence.

En somme, malgré l'arrangement plus ou moins ingénieux des boutiques et l'existence probable de croisées aux étages supérieurs, les maisons n'avaient pas ce qu'on appelle une *façade*. C'eût été, du reste, un luxe perdu, vu la médiocre largeur des rues où l'on ne devait guère que passer, sans trop lever le nez en l'air. La maison était faite pour celui qui l'occupait et non pour le promeneur qui avait mieux que cela pour sa distraction : les édifices publics, les portiques, les thermes, les forums.

*
* *

Il est temps d'entrer dans une maison. Je vais choisir l'une d'elles pour type, et la description que j'en donnerai sera suffisante pour donner une idée de la disposition des maisons de Pompéi, car elles offrent toutes entre elles une uniformité frappante quant aux parties essentielles.

La porte est généralement dans l'axe de l'habitation. Les revêtements des montants ou pilastres qui les décorent sont en marbre. Les seuils sont également en marbre, mais ne portent pas de rainures comme ceux des fermetures de boutiques. Les vantaux qui devaient être composés de panneaux étroits et ornés de clous de bronze dorés, étaient fixés sur de forts pivots dont on voit encore les scellements ; ils tournaient en dedans, comme chez nous, et non en dehors comme on dit que les Grecs le pratiquaient à une certaine époque. Un petit châssis, barreaudé ou vitré, surmontait la porte, et sous l'entablement étaient placées les sonnettes dont les anciens connaissaient l'usage.

En franchissant cette porte, on se trouve dans une sorte de vestibule, de dimension assez restreinte, que l'on appelait le *prothyrum*. Toutefois, bien que ce mot de vestibule rende assez bien la destination du *prothyrum*, il faut bien se garder de le considérer comme la traduction exacte du *vestibulum* des anciens.

Le *vestibulum* était une cour d'entrée, comme une cour d'honneur qui précédait une grande habitation ou un monument et servait ainsi à l'isoler de la rue ou de la place publique. C'était quelquefois un simple espace vide et limité seulement par des piédestaux où des barrières. Il pouvait alors prendre le nom d'*area*. Mais ce genre de vestibule n'était usité que dans les grandes habitations de Rome et l'on n'en trouve pas un seul exemple dans la ville de Pompéi.

Le *prothyrum*, donc, n'était qu'un espace assez limité, ayant une largeur de trois à quatre mètres, et la profondeur des boutiques, cinq à six mètres. Il devait être terminé du côté opposé à l'entrée par des barrières, ou des tentures, ou même quelquefois par une seconde porte. J'ai trouvé dans beaucoup de villes de l'Italie et de l'Espagne la tradition de cette disposition.

Dans les belles maisons un petit réduit où se tenait l'*ostiarium*, le portier, était auprès de ce vestibule. Ce portier était, dit-on, un esclave qui était retenu à son poste par une longue chaîne.

Après avoir traversé le *prothyrum*, on se trouve immédiatement dans l'*atrium*.

L'*atrium* est le centre et la partie essentielle de la maison pompéienne. C'est une sorte de cour intérieure, à peu près carrée ou très-peu allongée dans le sens de la profondeur.

Un toit supporté par des poutres transversales et longitudinales, ordinairement sans l'aide d'aucune colonne, en couvrait la plus grande partie et laissait seulement à découvert un espace de huit ou dix mètres carrés, au milieu duquel était un bassin servant à recevoir et à conserver les eaux pluviales et devenant ainsi un réservoir d'eau douce.

Cet espace découvert est appelé tour à tour *impluvium* et *compluvium*. Mais les commentateurs se sont trompés lorsqu'ils ont indifféremment appliqué l'une ou l'autre de ces expressions.

Le *compluvium* est l'ouverture laissée dans le toit, et l'*impluvium* est le bassin creusé dans le sol qui reçoit les eaux tombant par le *compluvium*.

Pour l'expression *cavædium*, souvent employée d'une façon générale et indéterminée, il faut l'entendre de l'ensemble de l'*atrium*, qui primitivement était simplement une cour découverte, partie à laquelle les Romains donnèrent le nom d'*atrium*, du nom des Étrusques auxquels ils en avaient emprunté le plan, tout en le complétant par une toiture qui la rendait plus utilisable pour les besoins de la famille.

On voit, par d'anciennes peintures, que le *compluvium* était quelquefois recouvert par des tentes peintes d'azur semé d'étoiles d'or.

Autour de l'*atrium* sont disposées diverses pièces servant à la fois pour les réceptions et pour les affaires.

Une disposition bien caractéristique et qui se reproduit continuellement, c'est qu'en face de l'entrée, par conséquent du *prothyrum*, est une pièce plus grande et plus richement décorée que les autres. C'est le *tablinum*, sorte de salon ou de cabinet très-élégant, où le maître de la maison conservait ses archives et les images de ses ancêtres, et qui servait aussi probablement de pièce d'apparât pour recevoir les gens de distinction.

Les faces de droite et de gauche sont terminées par des salles également plus spacieuses que les autres et largement ouvertes sur l'*atrium*. On a donné à ces salles le nom d'ailes (*alæ*).

Les ailes et le tablinum composaient donc la partie de la maison où le maître traitait de ses affaires et recevait ses amis.

Le *tablinum* disposé ainsi que nous venons de le voir, exactement en face de l'entrée, ne permettait pas aux personnes étrangères à la famille de pénétrer dans la seconde partie de l'habitation. Ce n'est pas que ce passage fût toujours interdit ; mais ce n'était point l'usage de le traverser pour l'ordinaire, et la communication se faisait à l'aide de passages étroits, appelés *fauces*. Il y en avait souvent deux, un de chaque côté, mais le plus ordinairement cependant il n'y en avait qu'un seul.

Après avoir traversé ces *fauces*, ou dans les grandes circonstances le *tablinum*, on se trouve dans la partie de la maison plus spécialement réservée à la famille et à la vie intime.

Un portique élégant, composé habituellement de quatre ou six colonnes sur chaque côté, répète, mais avec plus de grandeur et de richesse, la disposition de l'*atrium*, centre de la première partie.

Ces portiques étaient charmants et constituaient certainement la partie la plus agréable de l'habitation. Comme le sol du milieu était souvent en contrebas du portique, on disposait entre les colonnes un petit mur à hauteur d'appui, appelé *pluteum*.

Sur la partie supérieure de ce *pluteum*, on voit encore creusé une sorte de petit canal qui servait à recevoir des fleurs. Il est facile de se figurer l'aspect flatteur d'une telle bordure. D'autres fois, comme à la maison de *Polybe*, le *pluteum* (ou balustrade) était remplacé par des châssis vitrés qui fermaient complètement les entre-colonnements. On ne peut en douter à la vue de nombreux scellements et de rainures encore bien apparentes.

Pour l'emploi du verre on ne peut plus nier qu'il fût connu à cette époque, et en furetant bien dans tous les coins, j'ai rencontré un châssis de fer ayant encore dans ses mailles un carreau de verre d'une très-forte épaisseur, échantillon qui, étant bien authentique, suffirait à lui seul pour prouver la connaissance du verre et son usage pour vitres dans l'antiquité.

Et dire cependant que le savant Martorelli fit dans le temps un gros in-folio pour prouver le contraire.

MM. Gell et Gandy, dans leur ouvrage anglais sur Pompéi, rapportent que, quinze jours après la publication de son énorme mémoire, ce savant eut la douleur d'apprendre qu'on venait de découvrir une maison antique où les croisées étaient garnies de vitres !

Sous les portiques s'ouvrent les chambres à coucher, les salons et les salles à manger ; dans quelque coin, dans la partie la plus retirée, la cuisine, les latrines et quelques petites pièces pour dépôt et pour les esclaves.

Les salons appelés *œcus*, *œci*, étaient de plusieurs genres et prenaient divers noms suivant leur forme et leur ordonnance. Ceux nommés *cyzicènes* avaient cela de particulier qu'ils étaient disposés spécialement pour l'été. Ils avaient toujours une face tournée au nord, faisaient quelquefois saillie sur le parement de la maison, de manière à recevoir l'air de différents côtés, et avaient de grandes portes ou fenêtres avec verres descendant jusqu'à terre. C'était alors une nouveauté pour Pompéi et pour Rome, quoique l'usage de ces salles *cyzicènes* fût déjà très-fréquent en Grèce.

Les salles à manger (*triclinium, triclinia*) présentent quelques restes des trois lits dont les anciens se servaient pour prendre quelques-uns de leurs repas. Mais les lits eux-mêmes et tout ce qui constituait le mobilier de ces pièces ayant complètement disparu, ces pièces ont perdu une grande partie de leur physionomie.

Les auteurs anciens parlent souvent d'une particularité très-remarquable relative à certains *triclinia :* c'est que les plafonds en étaient quelquefois mobiles, et que, à de certains moments, lors des fêtes ou des réceptions extraordinaires, ils pouvaient tourner et s'ouvrir pour laisser tomber sur les convives des pluies de fleurs et de liqueurs odoriférantes. On vit même, dans certaines fêtes de débauche, des danseurs et des danseuses apparaître par le plafond et descendre d'une façon fort inattendue dans le *triclinium*.

Mais il me semble qu'il y a bien à douter de l'exactitude de ces récits ; dans tous les cas, il ne m'a pas été possible de trouver à Pompéi la moindre trace d'une disposition aussi extraordinaire de ces plafonds mécaniques.

Les chambres à coucher (*cubiculum, cubicula*) sont d'assez

petite dimension. Il arrive même souvent que leur extrême exiguité a obligé de pratiquer un renfoncement dans la partie inférieure du mur, pour y loger le lit, qui était ordinairement de bronze.

Enfin, une porte de sortie appelée *posticum*, ouvrant sur une rue secondaire, facilitait le service et permettait au patron de s'échapper à volonté sans être importuné par ses clients.

Le décor de ces chambres est charmant. Vous connaissez tous les peintures pleines de caprice en même temps que de goût que l'industrie, sous le nom de civilisation, a remplacées dans nos mœurs modernes, par le vulgaire papier peint, où nous avons l'agrément de voir répété, quatre fois par mètre carré, le même motif.

Les peintures pompéiennes sont, pour le touriste, le plus grand attrait de ces habitations. Ce sont elles qui ont conservé à ces ruines, au moins à l'intérieur, un air de vie, d'élégance et d'animation qui nous présente l'art antique appliqué aux besoins domestiques sous une apparence si flatteuse.

Elles n'étaient certes pas faites en vue d'offrir des œuvres capitales et parfaites d'exécution. Il ne faut pas les juger à ce point de vue. C'était de la peinture de décor, faite rapidement et sans grande prétention; et cette simplicité même dans les moyens montre toute l'habileté de l'artiste dans la composition du dessin et l'entente des couleurs.

De temps en temps, on rencontre des morceaux formant de vrais tableaux d'une finesse exquise. Grand nombre d'entre eux ont été transportés au musée de Naples. Toutefois, les grands tableaux manquent; mais on peut cependant présumer qu'ils en avaient de peints sur bois ou sur toute autre matière, car on remarque quelquefois au milieu des compositions de grands espaces vides qui paraissent avoir dû être décorés de tableaux que l'éruption et le temps ont détruits.

On en a aussi une preuve bien remarquable dans la splendide mosaïque de la bataille d'Issus, conservée au musée de Naples, et qui a certainement dû être copiée d'après un tableau original.

Une chose qui surprend toujours, c'est la fraîcheur relative de ces peintures, car on peut dire qu'elles se sont plus altérées depuis le moment de leur découverte que pendant les dix-huit cents ans qu'elles sont restées ensevelies. La privation d'air les avait conservées.

Du reste, il ne faut pas perdre de vue ce fait que j'ai signalé, que lors de l'éruption de l'an 79, la ville était en train de se restaurer et que la plupart des peintures venaient peut-être d'être achevées lorsqu'elles ont été ensevelies. De cette circonstance vient aussi l'espèce d'uniformité, sinon dans les détails, au moins dans les dispositions générales de la décoration.

Un premier étage existait au-dessus du rez-de-chaussée; mais aucun n'est assez complet pour qu'on en puisse donner la description.

On distingue parfaitement les traces des escaliers qui y conduisaient; ces escaliers étaient le plus souvent en bois, et leur pente était très-raide. Toutefois, on ne trouve pas d'escalier de grande dimension auquel on puisse donner le nom d'escalier principal.

L'habitation était souvent terminée par des terrasses ou plates-formes auxquelles on donnait le nom de *solarium;* les anciens aimaient à y prendre leur repas du soir, d'où vient que cet endroit est quelquefois appelé le *cœnaculum.*

On trouve aussi quelques exemples de balcons suspendus et couverts.

Enfin, quelques petites pièces d'un aspect sombre et incommode, composant l'*ergastulum*, étaient destinées aux gens de service et aux esclaves dont la condition paraît avoir été assez dure.

Telles étaient les habitations des Pompéiens aisés.

Lorsque la maison avait plus d'importance encore, elle était complétée par des *xystes*, des jardins et des viviers.

On y trouvait aussi un *hospitium* ou lieu réservé à l'hospitalité que l'on offrait aux étrangers, car il n'y avait que les gens de bien pauvre condition qui allassent à l'auberge.

Dans les maisons plus modestes, il n'y avait pas d'*hospitium* proprement dit; les chambres réservées à l'hospitalité et à la réception des amis, étaient rangées autour de l'*atrium*.

Dans aucune de ces maisons, grandes ou petites, on ne rencontre de cheminées. Elles étaient remplacées par de grands brasiers en bronze que l'on disposait dans certaines pièces, ou de plus petits brasiers portatifs que l'on avait soin d'allumer hors de l'appartement pour préserver les murs de la fumée. Cet usage s'est, du reste, conservé dans bien des villes de l'Italie méridionale et de l'Espagne.

*
* *

Nous venons d'indiquer le type général des maisons; mais il y en a qui offrent des particularités très-remarquables et qui accusent de la part des architectes qui en ont tracé les plans une très-grande habileté à tourner les difficultés et à tirer parti du terrain donné.

Je citerai de ce nombre :

La maison de *Salluste*, renfermée dans un quadrilatère irrégulier de médiocre profondeur et dans lequel on a su disposer sur un des côtés, avec une rare adresse, le portique et les pièces qui l'accompagnent ;

Les maisons dites de *Castor et Pollux*, qui forment deux constructions contigües, indépendantes quant aux entrées, aux atriums et aux appartements, mais ayant un péristyle commun ;

La maison du *Labyrinthe* et celle du *Faune*, ayant sur la même face une double entrée et un double atrium, l'un pour les amis et les gens de distinction, l'autre pour le service et les affaires ;

La maison d'*Ariane*, qui, placée sur deux rues, a sur chacune d'elles une entrée et un atrium, avec grand péristyle dans la partie centrale ;

La maison de *Lucretius*, singulière par la disposition de la partie postérieure de son plan ;

Enfin, pour arrêter une nomenclature qui n'en finirait pas, la maison extra-muros de *Diomède*, où l'architecte a fait preuve d'une si grande sagacité dans la disposition ingénieuse du plan.

Signalons cependant encore, en jetant un dernier coup d'œil sur ces charmantes habitations, celles qui sont le plus rapprochées de la mer et où, profitant habilement de la pente du terrain, on a su disposer plusieurs étages en retraite qui devaient être d'un effet très-pittoresque et permettaient de jouir amplement du magnifique panorama qu'on avait sous les yeux.

*
* *

On s'est fort étonné, et à juste titre, à travers toutes ces constructions, de l'absence d'écuries et de remises. Les habitations les plus riches et les plus complètes en sont dépourvues.

Il y a toute apparence qu'elles se trouvaient en dehors de la ville, dans un lieu affecté à cet usage, car on se servait bien évidemment de voitures et de chars ; les nombreuses et profondes ornières creusées dans le pavage des rues ne permettent aucun doute à cet égard.

Cependant une écurie, mais une seule, a été découverte, sans doute récemment, car je ne l'ai vue figurée sur aucun plan ni indiquée sur aucun livre. Elle est située dans un quartier qui, autant qu'il paraît, a dû être assez fréquenté et se compose d'un espace allongé, absolument dans la forme que nous leur donnons aujourd'hui, et est munie de mangeoires en maçonnerie et pierre de taille.

Aurait-on pris cela jusqu'à présent pour une espèce de boutique ? Quant à moi, après l'avoir bien examinée, je ne puis y voir qu'une écurie.

On objectera peut-être qu'il n'y a pas de remise annexée au local que je signale ; cela est vrai, il n'y en a pas de trace ; mais je pense que c'était là seulement une sorte de halte, d'abri pour les chevaux des cavaliers préposés à la garde de la ville.

Pendant que j'en suis à ces examens, peut-être un peu prosaïques, quand on est entouré de choses si intéressantes, mais qui sont indispensables si l'on veut bien se rendre compte de ce qu'était cette singulière ville d'il y a vingt siècles, je dois noter un bâtiment assez bizarre, très-différent des autres constructions.

Ce bâtiment est situé en dehors d'une des principales portes, au commencement de la voie des tombeaux.

Il est composé d'une suite d'arcades sur une assez longue étendue, sans ornement d'architecture et sans aucune division dans le plan qui puisse indiquer sa destination.

On a longtemps pensé que c'était une auberge, et plusieurs auteurs lui ont donné ce nom.

Ce devait être, en effet, quelque chose de semblable ; mais au lieu d'être précisément une hôtellerie, c'était plus probablement un endroit réservé spécialement aux muletiers et charretiers qui, arrivant après la fermeture des portes de la cité, trouvaient là un refuge pour y passer la nuit.

On trouve encore près de Naples, à Capoue, un usage semblable.

Il est probable, aussi, que l'entrée dans la ville des grosses voitures et des chevaux de charge était interdite, même pendant le jour ; et le local dont je parle devenait dès lors tout à fait indispensable.

J'aurais encore bien des choses à dire sans épuiser le sujet de mes investigations, car je n'ai pas parlé de cette fameuse voie des tombeaux, de cette étonnante *via appia* qui, partant de Rome, arrivait jusqu'à Pompéi, en offrant aux portes de ces villes cette immense suite de monuments funèbres et honorifiques dont vous connaissez les dessins.

Je n'ai pas fait avec vous le tour des remparts et des bastions de la ville ; je ne me suis pas arrêté devant ces curieux albums de pierre couverts d'inscriptions qui tiennent lieu d'affiches publiques.

Je n'ai pas parcouru les thermes, monuments si essentiels et si importants dans la civilisation antique.

Je ne me suis pas assis dans quelqu'un de ces thermopoles si nombreux à Pompéi, sortes de cafés ouverts sur la rue et où l'on débitait toutes sortes de boissons et surtout de l'eau chaude.

Je n'ai pas jeté un coup d'œil furtif à travers la porte de ce lupanar où l'hospitalité…. se vendait.

Mais, Messieurs, j'oublierais, en refaisant ce voyage à travers mes notes, que je risque fort d'abuser de votre bienveillante attention et que les choses les plus agréables à voir sont quelquefois les plus ennuyeuses à entendre dire.

Vous m'excuserez même d'avoir été un peu long dans mon récit, en pensant qu'il n'est pas facile de s'arrêter dans un chemin semblable où tout vous attire, où tout vous retient.